D.L. B-35077-98

La

Belle au Bois

Dormant

Illustré par Graham Percy

PERALT MONTAGUT EDITIONS

Il était une fois, un roi et une reine, qui désespéraient d'avoir un enfant. Enfin la reine mit au monde une petite fille. Ils furent si heureux que le roi annonça qu'après le baptême, il y aurait un grand festin.

Ils invitèrent toutes les fées qu'ils purent trouver dans le royaume (sept en tout). Ces fées furent choisies comme marraines de la petite princesse.

Pour chacune des sept fées, le roi avait préparé un coffret en or contenant, un couteau, une fourchette et une cuillère en or massif, sertis de diamants et de rubis. Ces coffrets furent placés tout autour de la table dressée pour le festin.

L'une après l'autre, les fées se penchèrent sur la petite princesse et lui firent un don magique.

La plus jeune dit:
«Princesse, la plus jolie du monde, tu seras»

La suivante: «L'esprit d'un ange, tu posséderas»

La troisième annonça: «La plus gracieuse entre toutes, petite princesse, tu seras.»

La quatrième: «A la perfection, tu danseras.»

La cinquième: «Comme un rossignol, tu chanteras.»

La sixième prédit: «Oh, de tous les instruments de musique, merveilleusement tu joueras.»

Tout-à-coup, une vielle femme en guenilles fit son apparition dans la salle du festin. Oh, c'était la mauvaise fée que l'on disait morte depuis bien longtemps et qui n'était invitée ni au baptême, ni au festin.

Il n'y avait donc ni place prévue
à table, ni coffret d'or pour
elle. Alors dépitée,
furieuse, elle jeta un
sort à la petite
princesse en hurlant:

—«Un jour tu te piqueras le doigt avec une aiguille et tu en mourras!»

C’est alors que la dernière des sept bonnes fées sortit de derrière le rideau et dit d’une voix douce:
—«Majestés, il est vrai que votre fille se piquera le doigt avec une aiguille, mais elle ne mourra pas. Elle sombrera dans un profond sommeil et au bout de cent ans le fils d’un roi viendra la réveiller.»

Le roi décréta alors que désormais plus personne n'aurait le droit de coudre et que toutes les aiguilles du royaume devraient être détruites.

Seize années s'écoulèrent... Un jour, alors que la princesse se promenait dans le vaste château, elle découvrit dans une petite chambre une vieille femme qui cousait gaiement avec du fil et une aiguille. Elle n'avait jamais entendu parler du décret royal.

—«Oh, comme ce travail à l'air intéressant!» s'exclama la jeune princesse. «Montrez-moi comment on s'y prend!» Et elle saisit l'aiguille... et se piqua le doigt et selon la prédiction de la mauvaise fée, elle perdit immédiatement connaissance et s'endormit.

Se rappelant la promesse de la bonne fée, le roi transporta la princesse dans la plus belle chambre du château et l'étendit sur un lit somptueux drapé d'or et d'argent.

La bonne fée avait promis que la princesse ne mourrait pas, mais dormirait pendant de nombreuses années. On l'envoya chercher. Elle arriva aussitôt dans un chariot magique tiré par des dragons.

Elle dit au roi: «Sire, afin que la princesse ne se retrouve pas toute seule à son réveil, tous les habitants du château, à part vous. majesté et la reine, dormiront par magie et ne s'éveilleront qu'au moment où la princesse ouvrira les yeux.

Alors tous les habitants du château s'endormirent à l'endroit et dans la position où ils se trouvaient...

Le roi et la reine annoncèrent au peuple qu'à l'avenir le château serait fermé à tous.

En fait, il devint désormais impossible de s'en approcher, car une forêt magique surgit tout autour, tandis que les portails et les fenêtres étaient recouverts d'un épais manteau de lierre et de plantes grimpantes épineuses.

Un siècle s'écoula. Un beau jour, le fils d'un roi passa à cheval devant le château entièrement envahi par les plantes sauvages. Au moment où il s'arrêta et mit pied à terre, la forêt impénétrable s'ouvrit devant lui et les plantes grimpantes s'enroulèrent sur elles-mêmes... Alors il put pénétrer dans cet étrange domaine où tout le monde semblait dormir.

Dans la grande chambre d'apparat, il découvrit la jolie princesse étendue sur son lit d'or et d'argent. Saisi par sa beauté, il se pencha et lui donna un baiser.

Alors, la princesse s'éveilla... et tandis qu'ils se regardaient avec émerveillement, tous les habitants du château revinrent à la vie.

Le soir, ils avaient tous si faim qu'ils se réunirent pour faire un grand festin et dansèrent sur l'ancienne et surprenante musique d'un orchestre qui n'avait pas joué depuis un siècle.

Le prince et la princesse étaient tombés amoureux l'un de l'autre et décidèrent que leur mariage aurait lieu dès le lendemain.

Achevé d'imprimer sur les presses de
APIPE Arts Graphiques, Sabadell - Barcelone (Espagne)